BRÛLER APRÈS LECTURE

poèmes

Jessica Ciencin Henriquez

Rev Publishing

New York | Los Angeles | Paris | Bogotá

Rev Publishing
New York | Los Angeles | Paris | Bogotá
www.rev-publishing.com

Brûler Après Lecture
Copyright © 2025 par Jessica Ciencin Henriquez
Tous droits réservés. Aucune partie de ce livre ne peut être reproduite, transmise ou distribuée sous quelque forme que ce soit sans l'autorisation écrite préalable de l'éditeur, sauf pour des citations courtes dans des critiques ou des articles.

Imprimé en Colombie

Chez Rev Publishing, nous croyons au pouvoir des histoires pour inspirer, transformer et connecter. En choisissant d'acheter une édition autorisée de ce livre, vous honorez le travail des écrivains et contribuez à cultiver une communauté créative qui prospère grâce à l'originalité. Votre soutien permet à Rev Publishing de continuer à donner vie à des voix et récits significatifs.

ISBN : 979-8-9915794-7-6
ISBN : 979-8-9915794-3-8 (ebook)

Numéro de contrôle de la Bibliothèque du Congrès : 2024927231

Allumer 10

Illuminer 38

Brûler. 64

Braises. 92

Cendres. 110

Note De L'auteur

Pour comprendre comment ce livre est né, vous devez d'abord comprendre ce qui a dû mourir.

J'ai écrit toute ma vie—d'abord pour survivre, puis pour prouver que je méritais de survivre. Avant d'écrire ce livre, j'ai passé cinq ans à écrire un mémoire, la douleur transformée en 280 pages. J'ai saigné chaque mot dans ces chapitres. Mais cinq ans, c'est long pour laisser une histoire en suspens. Au moment où le manuscrit était prêt à être publié, j'avais changé. J'avais dépassé le récit que la vie était douleur, que l'amour était injuste, que la guérison était réservée uniquement à ceux qui avaient assez souffert. Je n'étais plus la femme qui l'avait écrit.

Je me suis tournée vers un rituel que j'ai fait de nombreuses fois dans ma vie, une tradition bien connue en Amérique du Sud : le Despacho. Cette cérémonie du feu est une tradition ancienne pour honorer les transitions, dire merci et lâcher prise. C'est incroyablement simple mais l'impact est profond. J'ai rassemblé une offrande de fleurs, de grains, de sucre, et de feuilles. Chaque élément porte un symbole : le sucre pour la douceur et le plaisir de la vie, les fleurs pour honorer à la fois la beauté et l'impermanence, les grains pour l'abondance, et les feuilles placées avec intention.

J'ai lié mon livre aux offrandes, allumé la flamme et fermé les yeux alors que tout commençait à brûler.

Comment puis-je expliquer ce que cela fait de pleurer quelque chose qui n'a jamais pleinement pris vie ? Peut-être que je n'ai pas besoin de le faire. Peut-être que vous savez déjà.

J'ai ouvert les yeux lentement, observant le feu dévorer les pétales et mes pages, chacune se recroquevillant, les bords noircissant et virant au gris, transformant doucement l'histoire en cendres. Je pensais que je ressentirais du soulagement, mais à la place, une vague de panique m'a submergée.

Et si je n'écrivais plus jamais ?
Et si je n'avais plus rien à dire ?
Qui serais-je si je n'étais pas une écrivaine ?

J'ai regardé le feu s'élever, puis faiblir lentement, s'éteignant peu à peu. Bientôt, j'ai ressenti un calme, puis cette légèreté qui vient avec l'abandon. Je n'avais pas les réponses à ces questions, mais j'étais prête à attendre, à découvrir.

Le lendemain matin, en m'agenouillant au-dessus du foyer pour nettoyer les cendres, j'ai trouvé quelque chose que, à ce jour, je ne peux expliquer.

Là, sous les pages noircies, un fragment plié avait survécu, ses bords brûlés, mais quelques mots épars étaient encore visibles :

« quelle   vérité   reste »

Si je ne l'avais pas vu de mes propres yeux, je ne l'aurais jamais cru. Mon esprit rationnel ne pouvait accepter que l'univers puisse être aussi évident. Mais je l'ai vu. Et quand je l'ai vu, j'ai souri de l'absurdité, puis de l'audace. Pour moi, ce moment était clair, une invitation divine : continue d'écrire, mais écris la vérité.

Ce livre que vous tenez entre vos mains est ma promesse de faire exactement cela.

À Noah Rev—
Quelle chance nous avons
de marcher sur cette terre ensemble
encore et encore et encore.

·   ·   ·

ALLUMER

Crée-La

N'ose même pas dire que tu ne sais pas comment,
que tu ne sais pas si tu peux,
que tu ne sais pas si tu es assez forte.
Regarde autour de toi—

Ne vois-tu pas ce que tes mains ont créé ?
Ne vois-tu pas ce que tu as insufflé à la vie ?
Ne vois-tu pas les vies que tu as déposées
pour que celle-ci commence ?

Quand apprendras-tu à réveiller tes ancêtres ?
Quand apprendras-tu à les invoquer par leur nom ?
Quand sauras-tu que leur pouvoir t'appartient, afin de l'invoquer ?
La divinité se montre à toi depuis tout ce temps—

pourtant, lorsque tu regardes dans tes propres yeux,
tu la regardes sans la voir,
ne voyant que la création,
et non la créatrice en toi.

Crée-La

N'ose même pas dire que tu ne sais pas comment,
que tu ne sais pas si tu peux,
que tu ne sais pas si tu es assez forte.
Regarde autour de toi—

Ne vois-tu pas ce que tes mains ont créé ?
Ne vois-tu pas ce que tu as insufflé à la vie ?
Ne vois-tu pas les vies que tu as déposées
pour que celle-ci commence ?

Quand apprendras-tu à réveiller tes ancêtres ?
Quand apprendras-tu à les invoquer par leur nom ?
Quand sauras-tu que leur pouvoir t'appartient, afin de l'invoquer ?
La divinité se montre à toi depuis tout ce temps—

pourtant, lorsque tu regardes dans tes propres yeux,
tu **la** regardes sans la voir,
ne voyant que la création,
et non la **créatrice en toi**.

Premier Souffle

Naissance en siège, à l'envers, le cordon autour de son cou—
elle est coupée de sa mère
qui elle-même fut coupée de sa mère,
qui fut la dernière coupure dans la vie de sa propre mère.

Il y a une violence dans la naissance—
aucun de nous ne se souvient
d'avoir été arraché d'un corps
pour être poussé dans celui-ci.

Ce qui importe ici est souvent oublié—
le karma, la purification, la rédemption.
Cette existence se réinitialise dans un jaillissement de sang,
la peau violacée, un souffle, un cri, une respiration de commencement.

Pourquoi choisirions-nous cela ?
Pourquoi avons-nous choisi cela ?
Pourquoi choisirons-nous cela encore ?

Nous arrivons sans défense,
créatures sans protection,
et pourtant nous avons décidé tout cela,
jusqu'au nom.

Nous créons un avenir,
et cela nous coûtera notre passé.
Tout ce que nous vivons ici
ne durera pas, ne peut pas durer.

Ces histoires
que nous écrivons
n'ont jamais été censées
nous définir,

mais nous enseigner,
nous redresser, nous élever,
dénouer les cordons autour de nos cous,
nous préparant pour le prochain premier souffle.

Premier Souffle

Naissance en siège, à l'envers, le cordon autour de son cou—
elle est coupée de sa mère
qui elle-même fut coupée de sa mère,
qui fut la dernière coupure dans la vie de sa propre mère.

Il y a une violence dans la naissance—
aucun de nous ne se souvient
d'avoir été arraché d'un corps
pour être poussé dans celui-ci.

Ce qui importe ici est souvent oublié—
le karma, la purification, la rédemption.
Cette existence se réinitialise dans un jaillissement de sang,
la peau violacée, un souffle, un cri, une respiration de
commencement.

Pourquoi choisirions-nous cela ?
Pourquoi avons-nous choisi cela ?
Pourquoi choisirons-nous cela encore ?

Nous arrivons sans défense,
créatures sans protection,
et pourtant nous avons décidé tout cela,
jusqu'au **nom.**

Nous créons un avenir,
et cela nous coûtera **notre** passé.
Tout ce que nous vivons ici
ne durera pas, ne peut pas durer.

Ces **histoires**
que nous écrivons
n'étaient jamais destinées
à nous mesurer,

mais à nous libérer,
à nous élever, à nous alléger,
à dénouer les cordons autour de nos cous,
nous préparant pour le prochain premier souffle.

Se Souvenir

Si nos mères
nous avaient donné le nom

D I E U

Oublierions-nous encore
qui nous sommes ?

Ou verrions-nous nos propres mains
comme nous voyons les étoiles—
non pas comme une lumière empruntée
mais comme la nôtre ?

Si nos pères
nous avaient donné le nom

G A Ï A

oublierions-nous encore
ce que nous avons façonné ?

Ou nous rappellerions-nous
que nous sommes encore en train de modeler
cette terre ?

De Passage

Les lilas ne savent pas
s'ils sont en train

d'   r
   o   u
      v r i

ou de fermer,

si leurs pétales
sont en train de
   t
     o
       m
         b
           e
          r
               vers la terre.

Ils ne savent pas
qui ils sont,
mais ils savent
que l'esprit les utilise
pour verser de la joie
dans chaque personne
qui passe par là.

Sécurité

À un moment donné, nous cesserons
de planer nos mains
au-dessus des ventres de nos bébés
et nous ferons confiance
que ce que nous avons mis au monde
continuera de vivre sans
nos inquiétudes ni notre regard,
sans que nous guidions ni décidions
ce qui doit advenir à la fin.

Apaisons nos peurs,
pour que nos enfants ne deviennent pas
fl uents dans une langue
que nous espérons éteindre.
Laissons-les émerger
du tendre cocon de la vie,
prêts encore et encore et encore
à trouver leur propre sécurité
dans ce monde que nous avons façonné pour eux,
dans ce monde que nous avons tenté
de leur garder à l'écart.

Sécurité

À un moment donné, **nous** cesserons
de planer nos mains
au-dessus des ventres de nos bébés
et nous **ferons confiance**
que ce que nous avons mis au monde
continuera de vivre sans
nos inquiétudes ni notre regard,
sans que nous guidions ni décidions
ce qui doit advenir **à** la fin.

Apaisons nos peurs,
pour que nos enfants ne deviennent pas
fluents dans une langue
que nous espérons éteindre.
Laissons-les émerger
du tendre cocon de **la vie,**
prêts **encore et encore et encore**
à trouver leur propre sécurité
dans ce monde que nous avons façonné pour eux,
dans ce monde que nous avons tenté
de leur garder à l'écart.

Cage

Quand tu dis cage, je pense à côte,
je pense à Adam, je pense à Ève.
Je pense à la façon dont elle fut conçue,
créée après l'homme,
non avant, pourtant son nom implique
qu'elle est source de vie.

Je pense à ses fils,
à leur naissance, marquant le début
de la souffrance sur terre,
marquant la fin de l'innocence.
Bien que, en un sens, cette perte soit venue
quand Adam a croqué la pomme.

Je pense à ce qui est arrivé ensuite,
à l'apparition du péché :
châtiment, blâme et mensonges.
Je pense aux coups, aux pénitences, aux douleurs.
Je pense à ce qui pourrait être, aurait pu être.
Quand tu dis hommes, je pense cage.

Cage

Quand **tu dis** cage, je pense à côté,
je pense à Adam, je pense à **Ève**.
Je pense à la façon dont elle fut conçue,
créée après l'homme,
non avant, pourtant son nom implique
qu'elle **est source de vie**.

Je pense à ses fils,
à leur naissance, marquant le début
de la souffrance sur terre,
marquant la fin de **l'**innocence.
Bien que, en un sens, cette perte soit venue
quand Adam a croqué la pomme.

Je pense à ce qui est arrivé ensuite,
à l'apparition du péché :
châtiment, blâme et mensonges.
Je pense aux coups, aux pénitences, aux douleurs.
Je pense à ce qui pourrait être, aurait pu **être**.
Quand tu dis hommes, je pense cage.

Elle Vient Pour Elle

Comment peux-tu demander
plus qu'un coucher de soleil,
un miracle quotidien
que tu ne prends même pas le temps de voir ?

Chaque soir, elle arrive, à l'heure,
plus belle qu'avant,
peignant des touches de rouge sur le sol du ciel,
comme les joues rougies d'un enfant après trop de jeu.

Elle enflamme le ciel de chaos dans ses teintes
de pourpre, d'or, et de lavande meurtrie,
écho du feu tzigane quand les violons perdent le contrôle,
mais tu as depuis longtemps cessé d'écouter sa musique.

Elle attend, et pourtant, tu détournes le regard de ses couleurs
comme s'il existait quelque chose dans ce monde
plus digne de ton attention.
Elle se couche dans la terre en silence, ignorée.

Elle venait pour toi autrefois, mais elle sait désormais
ce que nous apprendrons tous un jour :
il n'y a personne d'autre—
Si elle décide de revenir demain,
elle ne viendra que pour elle-même.

Elle Vient Pour Elle

Comment **peux-tu demander**
plus qu'un coucher de soleil,
un miracle quotidien
que tu ne prends même pas le temps de voir ?

Chaque soir, elle arrive, à l'heure,
plus belle qu'**avant**,
peignant des touches de rouge sur le sol du ciel,
comme les joues rougies d'un enfant après trop **de** jeu.

Elle enflamme le ciel de chaos dans ses **tei**ntes
de pourpre, d'or, et de lavande meurtrie,
écho du feu tzigane quand les violons perdent le contrôle,
mais tu as depuis longtemps cessé d'écouter sa musique.

Elle attend, et pourtant, tu **détourner** le regard **de** ses couleurs
comme s'il existait quelque chose dans **ce monde**
plus digne de ton attention.
Elle se couche dans la terre en silence, ignorée.

Elle venait pour toi autrefois, mais elle sait désormais
ce que nous apprendrons tous un jour :
il n'y a personne d'autre—
Si elle décide de revenir demain,
elle ne viendra que pour elle-même.

Sa Majesté

Te rappelles-tu
la première fois que tu as vu la mer ?
Je ne parle pas en tant qu'enfant
sur les mains et à genoux, pelle
dans la bouche édentée,
tout sourire et affamée,
pendant que la marée lèche
les châteaux de sable que tu apprends à construire.

Je parle de la première fois où tes yeux
écarquillés se sont voilés de pureté
alors qu'en silence tu admirais
le pouvoir qu'elle détient dans chaque vague,
comment elle se rebelle, calme,
rugissant, s'élançant vers le ciel,
tentée de toucher quelque chose
de plus grand qu'elle.

Je parle de la première fois que tu as vu
comment elle défèrle avec grâce
trésors et os à tes pieds,
une offrande de dollars des sables et de dents de requin,
la mort et la vie dans un rythme implacable.
Rien ne quitte jamais ses rivages de plein gré.
Elle attend avec curiosité de voir
ce que tu choisiras,
ce que tu chériras le plus.

Te rappelles-tu
la première fois que tu t'es inclinée
devant ses façons de se rebeller ?
Alors qu'elle se déverse sur le rivage,
goûtant au béton, roulant des arbres,
noyant des bâtiments qui ne seront jamais reconstruits ?
Comment une créature peut-elle être si tendre
et, dans une même caresse, dévastatrice ?

Je me rappelle la première fois que j'ai vu la mer—
j'ai pleuré, j'ai demandé comment, comment
pouvions-nous jamais désirer plus ?
Elle m'a appelée, m'a enveloppée en sécurité,
le sel effleurant ma bouche, mes lèvres,
guérissant chaque blessure sans brûler,
elle m'a rappelé ce que je savais déjà—
Il n'y a rien de plus grand que sa majesté.

Sa Majesté

Te rappelles-tu
la première fois que tu as vu la mer ?
Je ne parle pas en tant qu'enfant
sur les mains et à genoux, pelle
dans la bouche édentée,
tout sourire et affamée,
pendant que la marée lèche
les châteaux de sable que **tu apprends** à construire.

Je parle de la première fois où tes yeux
écarquillés se sont voilés de pureté
alors qu'en silence tu admirais
le pouvoir qu'elle détient **dans chaque** vague,
comment elle se rebelle, calme,
rugissant, s'élançant vers le ciel,
tentée de toucher quelque chose
de plus grand qu'elle.

Je parle de la première fois que tu as vu
comment elle déferle avec grâce
trésors et os à tes pieds,
une offrande de dollars des sables et de dents de requin,
la mort et la **vie** dans un rythme implacable.
Rien ne quitte jamais ses rivages de plein gré.
Elle attend avec curiosité de voir
ce que tu choisiras,
ce que tu chériras le plus.

Te rappelles-tu
la première fois que tu t'es inclinée
devant ses façons de se rebeller ?
Alors qu'elle se déverse sur le rivage,
goûtant au béton, roulant des arbres,
noyant des bâtiments qui ne seront jamais reconstruits ?
Comment une créature peut-elle être si tendre
et, dans une même caresse, dévastatrice ?

Je me rappelle la première fois que j'ai vu la mer—
j'ai pleuré, j'ai demandé comment, comment
pouvions-nous jamais désirer plus ?
Elle m'a appelée, m'a enveloppée en sécurité,
le sel effleurant ma bouche, mes lèvres,
guérissant chaque blessure sans brûler,
elle m'a rappelé ce que je savais déjà—
Il n'y a rien de plus grand que sa majesté.

Chorale

Chaque lundi à 9 heures,
je me réunis avec les autres déesses
juste au-delà du verger d'orangers.
Nous laissons nos chaussures à la porte,
enfilons nos chaussettes et déposons nos egos,
avant de trouver nos places
dans la vallée de la lune.
Face à face,
avec des tasses qui réchauffent nos paumes,
nos membres longs,
nous émergons doucement de notre torpeur.

Les tourterelles du matin tournent en cercle,
leurs ailes étendues
contre la douceur du tapis.

Les moineaux se perchent
près du feu, se préparent,
et se préparent encore.
Les rossignols atterrissent
là où leurs mélodies
sont le plus nécessaires.

Et, nos mains chefs d'orchestre,
nous plongeons dans nos gorges,
jusqu'à nos ventres,
pour extraire les voix
que le monde a réprimées.

Avec sagesse, nous chantons,
tissons une magie blanche
à travers nos corps magnifiques—
corps de mères,
corps d'amantes,
corps généreux de créatrices,
de conquérantes et de reines.

Nos vents sauvages, sauvages,
refaçonnent le silence,
déroulant en nous
des rubans de lumière.

Nous comptons à partir de cinq,
et ensemble nous récupérons
ce qui a été perdu—
pris, oublié,
ou abandonné avant
que nous connaissions la valeur
de ce que nous possédions véritablement.

C'est notre heure nourricière,
lorsque chaque âme est rassasiée.
Nous nous recousons les unes aux autres
ce que le monde a déchiré,
et nous nous relevons, réincarnées.

Nous retirons nos chaussettes
de nos chaussures,
enveloppons délicatement
nos ego autour de nos cous,
et sortons en volant
par la porte au-dessus du verger—
retour à nos nids
pour faire résonner ce souvenir,
ce rite, cette rébellion,
à travers le reste de nos vies.

Aucune Erreur

Je n'ai jamais vu ma mère faire un régime,
faire une détox, se serrer la ceinture, jeûner,
je ne l'ai jamais vue se tenir devant un miroir,
levant ses seins, les laissant retomber.

Je ne l'ai jamais vue pousser la nourriture
à travers son assiette, au point
de ressembler à quelque chose
de presque mangé.

Je ne l'ai jamais vue agripper la chair
de son ventre, se demandant :
d'où vient cela ?

Je ne l'ai jamais vue empiler des vêtements
l a r g e s pour se cacher des hommes,
ou se glisser dans des robes moulantes
pour être remarquée par eux.

Ce sont des choses
que j'ai apprises des femmes
qui n'étaient pas ma mère.

Elles m'ont appris
le langage de la dégradation
de nos corps,
en public et en privé :

Gros cul.
Petit cul.
Grassouillette.
Maigre.
Baraquée
Cuisses de tonnerre.
Grande taille.
Maigrichonne.

Je m'indignais du dialogue donné par ces femmes,
s'excusant, comme si exister était un péché.
Elles avalaient la culpabilité de consommer
plus que le minimum nécessaire à leur survie.

Je les ai regardées retirer leurs vêtements
laissant des marques sur leur peau,
des empreintes de lune où étaient les boutons,
des traces de couture le long de leurs cuisses.

Je redoutais la camaraderie
qui venait du partage
de cette haine de soi collective.

Je voudrais avoir tes jambes,
les miennes sont si courtes.
Je voudrais avoir tes cheveux,
les miens sont si secs.
Je voudrais avoir tes hanches,
les miennes sont si larges.
Je voudrais, je voudrais, je voudrais...

Je voudrais que la voix de ma mère
ait un microphone
pour couvrir le bruit
des femmes
qui ne m'ont pas élevée.

Quand le monde
insistait pour que je sois différente,
j'entendais sa chanson dans ma tête,
me rappelant à quel point j'étais belle,
non pas à cause de mon apparence,
mais grâce à Celle qui m'a créée.
Et Elle ne fait aucune erreur.

Espace

Je te laisserai
entrevoir ta vie
dix ans à partir d'aujourd'hui.

Pour un instant seulement,
prends le temps
de contempler autour de toi.

Vois ce que tu as créé.
Vois ce que tu es devenue.
Vois combien d'amour emplit
cet   espace.

ILLUMINER

Chez Soi

Tu as posé ta main
sur la douceur de mon ventre,
et j'ai bercé cette respiration
pour le reste de l'éternité.

Comment se fait-il
que tes empreintes étaient déjà là,
indélébiles, gravées
par d'autres vies ?

Mon estomac, terre ancienne, murs de pierre,
notre histoire dessinée
en lignes, crêtes,
et les plis de ta paume.

Tu as mis un demi-siècle
à nous retrouver,
à rejoindre le lit que tu avais fait
dans mon corps.

Je ne savais rien de toi alors,
mais je savais qu'une caresse
comme celle-là
n'arrive pas deux fois.

Tu as laissé ta main
là où elle appartenait
tandis que le soleil se tissait
dans la terre.

Je voulais te dire
la peur que j'avais retenue là,
dans cet endroit qui n'est plus
que la longueur du poignet au bout des doigts.

Nous sommes restés assis dans le silence,
communiquant comme le fait la colonie Pando
à travers une racine, une conversation silencieuse
sous le sol de la forêt.

C'était le début de nous,
toi, comprenant
chaque mot
que je ne disais pas.

J'ai mis ma main
sur la tienne,
gardant l'autre
posée toujours sur mon cœur.

C'est ainsi que je me suis calmée
sans toi.
C'est ainsi que je me suis portée
vers toi.

Ces deux points de contact
ont été ma boussole,
jusqu'à cet après-midi, jusqu'à toi,
jusqu'à ce que je sache

que c'est la direction
que je prends –
que nous prenons –
vers chez nous.

Chez Soi

Tu as posé ta main
sur la douceur de mon ventre,
et j'ai bercé cette respiration
pour le reste de l'éternité.

Comment se fait-il
que tes empreintes étaient déjà là,
indélébiles, **gravé**es
par d'autres vies ?

Mon estomac, terre ancienne, murs de pierre,
notre histoire dessinée
en lignes, crêtes,
et les plis de **ta** paume.

Tu as mis un demi-siècle
à nous retrouver,
à rejoindre le lit que tu avais fait
dans mon corps.

Je ne savais rien de toi alors,
mais je savais qu'une caresse
comme celle-là
n'arrive pas deux fois.

Tu as laissé ta main
là où elle appartenait
tandis que le soleil se tissait
dans la terre.

Je voulais te dire
la **peur** que j'avais retenue là,
dans cet endroit qui n'est plus
que la longueur du poignet au bout des doigts.

Nous sommes restés assis dans le silence,
communiquant comme le fait la colonie Pando
à travers une racine, une conversation silencieuse
sous le sol de la forêt.

C'était le début de nous,
toi, comprenant
chaque mot
que **je** ne **disais** pas.

J'ai mis ma main
sur la tienn**e**,
gardant l'au**t**re
posée **toujours** sur mon cœur.

C'est ainsi que **je me suis** calmée
sans toi.
C'est ainsi que je me suis **portée**
vers toi.

Ces deux points de contact
ont été ma boussole,
jusqu'à cet après-midi, jusqu'à toi,
jusqu'à ce que je sache

que c'est la direction
que je prends –
que nous prenons –
vers chez nous.

Cœur Ouvert

Va dans le jardin,
pieds nus,
assieds-toi sous
les poivriers,
écoute la musique
que le vent joue
juste pour toi.

Trouve des mots pour chanter
avec la chanson
que vous composez ensemble
alors que la pluie d'hier dévale
la montagne,
prête pour son solo.

Cueille une grenade,
laisse tes ongles déchirer
la peau écarlate mûre.
Ressens chaque graine éclater
entre tes dents,
avale goutte après goutte
de douceur.

Regarde le faucon tournoyer,
te bénir en se posant
sur la branche à côté de toi.

Ne bouge pas.

Respire lentement
cet instant.
Il n'y a aucun autre endroit
où tu dois être.

Personne d'autre
n'a besoin de toi plus
que le faucon,
et la rivière
et la musique
et la montagne
ont besoin de ton attention.

Et maintenant, dis-nous la vérité—
peux-tu te souvenir
de ce qui était sur le point
de briser ton cœur pour l'ouvrir ?

À Toi

le moment où tu sors dehors
et le soleil caresse tes épaules nues
la première gorgée réconfortante de soupe
quand tu es malade
le sable entre les draps
le bâillement attrapé à quelqu'un que tu aimes
la couleur que tu aperçois avant de voir
le soleil rouge incandescent se couchant sur la mer Méditerranée
la sensation de t'enfoncer dans ton siège quand nous décollons
le ciel de mousson juste avant de s'effondrer
le premier souffle d'oxygène après le départ
quand le plateau marin disparaît
sous tes pieds
la chute libre sans parachute
allant vers un destin certain
avec un sourire sur mon visage
voilà ce que ça fait
d'être à toi.

Assez

Pourquoi te réfugies-tu à l'intérieur
quand il pleut ?
Assez. Assez.
Abandonne ton parapluie,
laisse tes chaussures derrière toi.
Le tonnerre est ton
avertissement de deux minutes.
Lève-toi, sors—
tiens-toi sous la voûte céleste,
laisse-la t'ouvrir les bras.
Regarde la façon
dont les enfants jouent avec elle—
tournant en rond,
yeux fermés, bras ouverts.

Imite leur liberté
jusqu'à ce qu'elle devienne la tienne.
Mouille-toi, salis-toi, grise-toi—
atteins la bonne partie,
celle que tu as oubliée.

Pourquoi ne cours-tu pas dehors
quand il pleut ?
Lève le menton, ouvre la bouche—
bois chaque goutte.
Laisse ce qui nourrit les arbres,
ce qui purifie la terre,
faire son œuvre en toi.

Vue

Révéler à quel point un homme peut être doux
avant même qu'il ne ressente
le miel de sa propre tendresse,
c'est comme ce moment dans chaque film
où l'on retire les lunettes
d'une femme magnifique,
comme si sa beauté
n'était pas déjà évidente
pour ceux, perles rares, qui savent voir.

Vue

Révéler à quel point un homme peut être doux
avant même qu'il ne ressente
le miel de sa propre **tendresse**,
c'est **comme** ce moment dans chaque film
où l'on retire les lunettes
d'une femme magnifique,
comme **si** sa beauté
n'était pas déjà évidente
pour ceux, perles **rare**s, qui savent voir.

Pourquoi Pas

Tu grandis maintenant.
Je remarque que tu ne demandes plus
de t'arrêter au terrain de jeu
quand on passe devant en rentrant à la maison,
comment tu cries maintenant « maman ! »
au lieu de « maman, attends, maman, reviens ! »
comment ce qui était autrefois des rendez-vous de jeu
s'appelle désormais des sorties entre amis.

Je déteste, déteste, déteste
qu'on ne soit pas des enfants en même temps.
Dans cette vie, tu es l'enfant
et moi l'adulte.
Pendant que tu sautes du plongeoir,
je dois parler à d'autres parents restés au sec
de combien de temps il faut
pour obtenir des permis pour des piscines
où ils ne nageront jamais la nuit.

Tu fais des châteaux de sable,
mais moi, je prépare des pommes et réapplique la crème solaire.
Tu rentres couvert de terre,
et j'exige que tu prennes une douche,
que tu te brosses les dents, que tu te prépares pour le lit.
Tu as grandi trop vite
et le temps a filé. Il me manque.
Il me manque maintenant que j'écris ces mots
et que tu es dehors sous la fenêtre de la cuisine,
remplissant des ballons d'eau
parce que tu vis encore dans un monde de « pourquoi pas ».

Pourquoi Pas

Tu **grandis** maintenant.
Je remarque que tu ne demandes plus
de t'arrêter au terrain de jeu
quand on passe devant en rentrant à la maison,
comment tu cries maintenant « maman ! »
au lieu de « maman, attends, maman, reviens ! »
comment ce qui était autrefois des rendez-vous de jeu
s'appelle désormais des sorties entre amis.

Je déteste, déteste, déteste
qu'on ne soit pas des enfants en même temps.
Dans cette vie, **tu** es l'enfant
et moi l'adulte.
Pendant que tu sautes du plongeoir,
je **dois** parler à d'autres parents restés au sec
de combien de temps il faut
pour obtenir des permis pour des piscines
où ils ne nageront jamais la nuit.

Tu fais des châteaux de sable,
mais moi, je prépare des pommes et réapplique la crème solaire.
Tu rentres couvert de terre,
et j'exige que tu prennes u**ne** douche,
que tu te brosses **le**s dents, que tu te prépares pour le lit.
Tu as grandi trop vite
et le temps a filé. Il me manque.
Il me **manque** maintenant que j'écris ces mots
et que tu es dehors sous la fenêtre de la cuisine,
remplissant des ballons d'eau
parce que tu vis encore dans un monde de « pourquoi **pas** ».

Se Sentir Aimée

Nous avons grimpé dans le volcan.
Une boue épaisse, décadente et chaude nous a accueillis
mais n'aurait montré aucune pitié si nous avions sombré.

Peaux lisses, seins flottants, cheveux tirés
par une terre imbibée de pluie.

Nous avons ri, peignant à doigts nus
des rayures de guerriers sur nos joues.
Nous étions comme des enfants.
Non, nous étions des enfants – en extase.

Quel cadeau
de flotter dans la gadoue,
de s'élever au milieu du soufre,
de voguer dans la riche pâte du sol.

Après, les cheveux, les lèvres et chaque centimètre
de peau enduits d'argile séchant rapidement,
nous avons marché vers la rivière,
devenant davantage statue à chaque pas.

Et puis une femme,
du même âge que ma mère,
m'a tenu les mains
alors que je plongeais sous la surface.

Avec un bol, elle m'a rincée,
vidant, remplissant, versant de l'eau sur moi,
frottant mon cuir chevelu du bout de ses ongles,
faisant glisser mes cheveux entre les cloches de ses phalanges.

Elle a défait mon maillot de bain dans un tourbillon,
créant des ondulations dans la rivière,
jusqu'à ce que le seul résidu de l'après-midi
reste gravé dans mon esprit.

D'une main,
elle m'a couvert les yeux.
De l'autre,
elle m'a caressée pour me nettoyer.

Dans son service résidait la douceur,
une étrangère prête à en laver une autre.
C'était l'innocence, comme un baptême.
C'était l'amour.

Défaite

Tu fais l'amour avec moi toute la journée,
de mille façons,
je n'avais jamais imaginé qu'une personne
puisse en aimer une autre ainsi.

Une main
sur le volant
et l'autre
caressant ma nuque.

Quand tu t'arrêtes
pour écouter l'histoire que je raconte,
pour pouvoir me regarder dans les yeux
et pleurer aux moments justes.

Quand tu fais couler notre bain,
réchauffes mon thé,
et me montres chaque jour
comment tu vénères mon corps.

Quand tu poses ta tête
contre mon cœur,
m'invitant à découvrir
une tendresse que je n'avais jamais connue.

Quand nous dormons,
et que tu t'enroules autour de moi,
comme si tes membres voulaient dire :
Je suis là, je suis là, je suis là.

Pendant une grande partie de ma vie,
je pensais que l'amour était quelque chose qu'on prenait,
mais te voilà,
donnant et donnant et donnant encore.

Avant toi, je craignais le toucher doux,
pensant que je me réduirais en poussière
et me disperserais avec la brise—
tellement j'étais devenue fragile.

Mais me voilà,
totalement défaite devant toi.
S'il te plaît, ne t'arrête pas
de m'aimer pour me ramener à la vie.

Quand Elle Part

Tu me demandes ce que j'ai fait aujourd'hui,
et je te réponds que j'ai observé un papillon.
« C'est tout ? » tu demandes.
« C'est beaucoup, » je dis.

Avec un simple mouvement de ta tête, je sais
que tu n'as jamais passé ton temps de cette façon—
ni des minutes, ni des heures,
ni des après-midis entiers.

Un jour, une thérapeute m'a demandé d'écrire une liste
de ce que je voudrais accomplir dans la vie.
Elle m'a tendu un stylo et une feuille, et j'ai écrit
une seule ligne, une seule phrase imprégnée de vérité :

Je veux être si immobile
qu'un papillon se pose sur ma peau.

Elle m'a regardée comme tu me regardes maintenant,
un regard qui connaît une vie de trottoirs bondés
et d'horloges qui cliquettent avec impatience, un regard
qui dit :
Qu'en est-il de l'argent, du travail,
du patrimoine, des choses qui comptent ?

Mais je ne comprends pas ce qui pourrait compter davantage
que la sérieuse tâche d'observer les papillons.
Qu'est-ce qui pourrait faire plus plaisir
que cela ?

Être immobile et ne rien faire ne sont pas la même chose.
La plupart des gens excellent à ne rien faire.
Ils gaspillent des minutes, des heures, des après-midis entiers
à goûter toutes les saveurs du néant.

Ils bâtissent une identité autour de ce néant.
Ils remplissent leurs journées avec le bruit du rien,
l'appelant vie, l'appelant amour,
l'appelant objectif.

Mais être immobile, c'est être dévoré par l'instant,
apprendre à devenir statue
quand on est désespéré d'aller de l'avant.
L'immobilité est la seule chose qui vaille la peine d'être maîtrisée dans cette vie,

et quand tu y arrives,
la récompense n'est pas dans le papillon
qui se pose sur ta peau,
mais dans une joie si intense,
que tu ne remarqueras même pas quand elle partira.

Une Liste Continue des Premiers Mots de Mon Fils Lorsqu'il se Réveille

Aujourd'hui c'est mon jour préféré.
Le soleil est éveillé depuis des heures.
Tu crois qu'il va pleuvoir ?
Les orangers vont-ils se plaindre ?
J'ai hâte d'aller à l'école.
Est-ce que je dois aller à l'école ?
Où est passée ma dent ?
Où est passée ma chaussette ?
Où es-tu passée ?
Puis-je avoir du papier ?
Je dois faire une liste.
Qui s'occupe des plantes ?
De qui s'occupent les plantes ?
Et les fenêtres, qui les nettoie ?
Tu crois que les écureuils vont revenir nous voir ?
Et si on ne faisait rien aujourd'hui ?
Et si on n'allait nulle part aujourd'hui ?
Et si on restait simplement dans ce lit ?
J'ai fait un rêve complètement fou,
mais je ne me souviens plus de ce que c'était,
ni si tu étais là,
ni si moi non plus j'y étais.
Tu sais que le soleil brille
même si tu ne peux pas le voir
à travers les nuages.
Je le sais, parce que j'ai été là-haut.

Une Liste Continue des Premiers Mots de Mon Fils Lorsqu'il se Réveille

Aujourd'hui c'est mon jour préféré.
Le soleil est éveillé depuis des heures.
Tu crois qu'il va pleuvoir ?
Les orangers vont-ils se plaindre ?
J'ai hâte d'aller à l'école.
Est-ce que je dois aller à l'école ?
Où est passée ma dent ?
Où est passée ma chaussette ?
Où es-tu passée ?
Puis-je avoir du papier ?
Je dois faire une liste.
Qui s**'occupe** des plantes ?
De qui s'occupent les plantes ?
Et les fenêtres, qui les nettoie ?
Tu crois que les écureuils vont revenir **nous** voir ?
Et si on ne faisait rien aujourd'hui ?
Et si on n'allait nulle part aujourd'hui ?
Et si on restait simplement dans ce lit ?
J'ai fait un rêve complètement fou,
mais je ne me souviens plus de ce que c'était,
ni si tu étais là,
ni si moi non plus j'y étais.
Tu sais que le soleil brille
même si tu ne peux pas le **voir**
à travers les nuages.
Je le sais, parce que j'ai été là-haut.

La Douleur que Tu Donnes

Tu ne peux pas encore le savoir, mais toi—
Oui, toi, avec tes petits bourrelets, tes gazouillis,
et tes manches en coton—
tu seras celui qui fera du mal dans ce monde
Cela semble impossible, je le sais,
qu'une chose si douce
puisse faire saigner quelqu'un,
mais tu deviendras impitoyable.

Le venin coulera de tes lèvres
dans les veines de ceux que tu aimes,
et toi, douce âme, tu causeras des blessures.
Mais quand cela arrivera, souviens-toi :
tu es plus que la douleur que tu donnes.
Un sens se cache derrière les murs du chagrin,
dans les endroits où la douleur cherche refuge.

Oui, ton monde en ce moment est fait
de bleus tendres et de murmures doux,
de boucles délicates qu'ils n'ont pas encore coupées
d'une tête qui n'a jamais connu la douleur.
Quand cette férocité te trouvera,
et que la colère t'engloutira,
embrasse-la sans hésitation.

Tu ne peux pas, tu ne dois pas
l'étouffer, ou la couper,
ni nier cette pulsation en toi
qui la poussera vers sa plénitude.
Permets-toi de plonger dans l'ombre,
encore plus sombre, mon chéri,
jusqu'à ce que cette obscurité englobe tout.

Ils ne peuvent pas encore le savoir, mais toi—
Oui, toi, avec tes yeux fatigués et tes mains usées—
tu seras celui qui apportera la guérison à ce monde.
Cela semble impossible, je le sais,
mais tu traces un chemin
qui les guidera à nouveau
vers la lumière.

La Douleur que Tu Donnes

Tu ne peux pas encore le savoir, mais toi—
Oui, toi, avec tes rondeurs, tes gazouillis,
et tes manches en coton—
tu seras celui qui fera du mal dans ce monde.
Cela semble impossible, je le sais,
qu'une chose si douce
puisse faire saigner quelqu'un,
mais tu deviendras impitoyable.

Le venin coulera de tes lèvres
dans les veines de ceux que tu aimes,
et toi, douce âme, tu causeras des blessures.
Mais quand cela arrivera, souviens-toi :
tu es plus que la douleur que tu donnes.
Un sens se cache derrière les murs du chagrin,
dans les endroits où la douleur cherche refuge.

Oui, ton monde en ce moment est fait
de bleus tendres et de murmures doux,
de boucles délicates qu'ils n'ont pas encore coupées
d'une tête qui n'a jamais connu la douleur.
Quand cette férocité te trouvera,
et que la colère t'engloutira,
embrasse-la sans hésitation.

Tu ne peux pas, **tu** ne dois pas
l'étouffer, ou la couper,
ni nier cette pulsation en toi
qui la poussera vers sa plénitude.
Permets-toi de **plonger** dans l'ombre,
encore plus sombre, mon chéri,
jusqu'à ce que cette obscurité englobe tout.

Ils ne peuvent pas encore le savoir, mais toi –
Oui, toi, avec tes yeux fatigués et tes mains usées –
tu seras celui qui apportera la guérison à ce monde.
Cela semble impossible, je le sais,
mais tu traces un chemin
qui les guidera à nouveau vers
la lumière.

BRÛLER

Une Partie de Toi

C'est ici que commence la tristesse.
Quand tu vois ta mère
comme quelque chose de séparé de toi,
non plus une extension de toi-même, mais la vérité.
Elle est une ombre,
qui s'éloigne lentement.

Toutes tes cellules autrefois formées
à partir des siennes se sont divisées.
Ton univers s'étend alors que
ta compréhension se rétrécit.
Jusqu'à aujourd'hui, tout
n'était qu'un prolongement,
toute existence attachée à la tienne.

Mais maintenant, tu vois
ta mère partir,
s'éloignant de toi.
Elle devient quelque chose de pas-toi,
entièrement autre, et tu n'es plus d'elle.

Elle est une nouvelle créature
qui nourrit, saigne et ressent,
tandis que tu es témoin
de cette transition tragique.
Si seulement c'était juste elle—
mais partout où tu regardes,
cette vérité te suit.

Si ta mère est ta mère,
alors cette fleur est une fleur.
Ce nuage, un nuage.
Ce cheval, un cheval.
Ce soleil, un soleil.
Cette rivière, une rivière.

Tu es toi,
et le tien est désormais un monde
où tout est fragmenté,
les entités disloquées, la séparation partout.

Mais regarde de plus près,
jusqu'à ce que tu découvres la vérité.
La fleur est le soleil,
la rivière est le cheval,
ta mère est le nuage.
Souviens-toi de cela quand on te demande :
qui es-tu ?

Une Partie de Toi

C'est ici que commence la tristesse,
Quand tu vois ta mère
comme quelque chose de séparé de toi,
non plus une extension de toi-même, mais **la vérité**.
Elle est une ombre,
qui s'éloigne lentement.
Toutes tes cellules autrefois formées
à partir **de**s siennes se sont divisées.
Ton univers s'étend alors que
ta compréhension se rétrécit.
Jusqu'à aujourd'hui, tout
n'était qu'un prolongement,
toute **existence** attachée à la tienne.

Mais maintenant, **tu** vois
ta mère partir,
s'éloignant de toi.
Elle devient quelque chose de pas toi,
entièrement autre, et tu n'**es** plus d'elle.

Elle est une nouvelle créature
qui nourrit, saigne et ressent,
tandis que tu es témoin
de cette transition tragique.
Si seulement c'était juste elle--
mais partout où tu regardes,
cette vérité te suit.

Si ta mère est ta mère,
alors cette fleur est **une fleur.**
Ce nuage, **un nuage.**
Ce cheval, **un cheval.**
Ce soleil, **un soleil.**
Cette rivière, **une rivière.**

Tu es toi,
et le tien est désormais un monde
où **tout** est fragmenté,
les entités disloquées, la séparation partout.

Mais regarde de plus près,
jusqu'à ce que tu découvres la vérité.
La fleur est le soleil,
la rivière est le cheval,
ta mère est le nuage.
Souviens-toi de cela quand on te demande :
qui es-tu ?

Vers La Perfection

Certains jours, tu es le sable,
et moi la pierre trouée par la mer,
que tu polis à la perfection.

Nous les avons trouvées sur ta plage,
celle où nous allions pour nous disputer,
celle où nous allions pour nous reconnecter,
ta main reposant sur la mienne
durant tout le trajet,
durant tout le retour.

On dit que ces pierres restent cachées,
attendant le moment où elles se laissent voir ;
et à cet instant, elles te cherchent.
Elles sont censées éloigner les sorcières,
les maladies, et l'inévitable—

Tu portes ta pierre autour du cou,
un fil épais la maintenant en place.
Je pose la mienne sur mon bureau, près du vase
que tu remplis de fleurs du petit stand
le long de notre route sinueuse.

Certains jours, je suis le sable
et toi la pierre trouée
par la mer que je polis vers la perfection.

Vers La Perfection

Certains jours, tu es le sable,
et moi la pierre trouée par la mer,
que tu polis à la perfection.

Nous les avons trouvées sur ta plage,
celle où **nous allions** pour nous disputer,
celle où nous allions pour **nous reconnecter,**
ta main reposant sur la mienne
durant tout **le trajet,**
durant tout le retour.

On dit que ces pierres restent cachées,
attendant le moment où elles se laissent **voir** ; et
à cet instant, elles te cherchent.
Elles sont censées éloigner les sorcières,
les maladies, et **l'inévitable—**

Tu port**es** ta pierre autour du cou,
un fil épais la maintenant en place.
Je pose la mienne sur mon bureau, près du vase
que tu remplis de fleurs du petit stand
le long de notre route sinueuse.

Certains jours, **je suis** le sable
et toi la pierre trouée
par la mer que je polis vers **la perfection.**

Tu l'Es Déjà

Je t'interroge sur ton enfance,
et tu me racontes plutôt la douleur
traînée comme un cadavre
depuis vingt, trente, quarante ans.

C'est ainsi que cela se passe souvent,
reprendre au début,
graver des marques de souffrance sur les murs,
énumérer les défauts de tes parents,
cataloguer leurs échecs par ordre alphabétique—
abusifs, belliqueux, catatoniques et déprimés.

Je te regarde taire
ce qu'ils ont sacrifié,
forcés de survivre,
comment, malgré tout,
ils t'ont gardé en vie.
Tu effaces toutes leurs souffrances dans ton récit
car personne ne veut lire leur version de l'histoire.
Un monstre ne reste un monstre
que tant qu'il n'est pas éclairé.

Je t'interroge sur tes cicatrices,
encore fragiles après tout ce temps.
Tu insistes pour les garder comme preuves,
sans te rendre compte qu'elles sont devenues
comme un médaillon
suspendu autour de ton cou.
La souffrance est ton héritage,
le seul lien qu'il te reste avec eux.

Je t'interroge sur le pardon,
et tu me parles plutôt de ce que tu mérites.
Tu mets en lumière leur haine,
leur ignorance, leur jugement.
Dans les histoires que tu choisis de raconter
et celles que tu choisis d'ignorer,
je lis entre les lignes que tu refuses d'enterrer
parce que tu cherches encore leur amour.
Tu me dis que tu ne seras jamais comme eux,
sans jamais voir à quel point tu leur ressembles déjà.

Tu l'Es Déjà

Je t'interroge sur ton enfance,
et tu me racontes plutôt la douleur
traînée comme un cadavre
depuis vingt, trente, quarante ans.
C'est ainsi que cela se passe souvent,
reprendre au début,
graver des marques de souffrance sur les murs,
énumérer les défauts de tes **parents**
cataloguer leurs échecs par ordre alphabétique—
abusifs, belliqueux, catatoniques et déprimés.

Je te regarde taire
ce qu'ils **ont** sacrifié,
forcés de survivre,
comment, malgré tout,
ils t'ont gardé en vie.
Tu effaces toutes leurs souffrances dans ton récit
car personne ne veut lire leur version de l'histoire.
Un monstre ne reste un monstre
que tant qu'il n'est pas éclairé.

Je t'interroge sur tes cicatrices,
encore fragiles après tout ce temps.
Tu insistes pour les garder comme preuves,
sans te rendre compte qu'elles sont devenues
comme un médaillon
suspendu autour de ton cou.
La **souffr**anc**e** est t**on** héritage,
le seul lien qu'il te reste avec eux.

Je t'interroge sur le **pardon**,
et tu me parles plutôt de ce que tu mérites.
Tu mets en lumière leur hai**ne**,
leur ignorance, **leur** jugement.
Dans les histoires que tu choisis de raconter
et celles que tu choisis d'ignorer,
je lis entre les lignes que tu refuses d'enterrer
parce que tu cherches encore leur amour.
Tu me dis que tu ne seras jamais comme eux,
sans jamais voir à quel point tu leur ressembles déjà.

Grâce

Je ne serai pas dure avec toi.
Non pas parce que tu mérites
ma bonté, ma douceur, ma grâce,
mais simplement parce que tu croises mon chemin.

Le soleil ne choisit pas qui réchauffer
ni à qui refuser son étreinte.

Même si tu bloques la lumière,
elle continera de d'éclairer.

Grâce

Je ne **serai** pas dure avec toi.
Non pas parce que tu mérites
ma bonté, ma douceur, ma grâce,
mais simplement parce que tu croises mon chemin.

Le soleil ne choisit pas qui réchauffer
ni à qui refuser son étreinte.

Même si tu bloques **la lumière**,
elle continera de d'éclairer.

Moins que le péché

J'ai attrapé un rat sur un piège collant,
caché sous le capot de ma voiture.
Une chose horrible à faire, je sais—
et pourtant, ce n'est pas le pire que j'ai fait.

Je blâme le bruit
derrière le tableau de bord :
ses petites griffes sur des bobines,
il grimpe sur le moteur,
traçant de nouveaux chemins,
rongeant les ceintures de sécurité,
nichant dans le creux de la roue de secours.

Je ne voulais pas qu'il meure,
je voulais juste qu'il parte.
Je savais quand je l'ai vu
à quel point c'était mal—
encore en train de convulser, le souffle court,
une pure panique.
Je suis restée avec lui pendant qu'il mourait,
assise tranquillement à ses côtés,
pour qu'il ne soit pas seul.

Quand il a finalement cessé de se battre,
je ne pouvais pas me rappeler
pourquoi j'avais été si résistante
à son existence.
Je l'ai placé là, sur le gravier,
parce que je ne voulais pas toucher à la mort.
Et parce que j'étais curieuse de voir
ce qui pourrait arriver
une fois que la mort l'aurait touché.

Les mouches sont venues en premier,
puis les asticots,
pendant que les fourmis s'empressaient
de former une ligne épaisse, tachetée.
Ils l'ont démonté dans un chaos ordonné,
pendant des jours, cela a continué ainsi—
arrachant des cheveux,
creusant les yeux et les oreilles,
le faisant disparaître de l'intérieur.

La colonie s'est nourrie encore et encore,
rapportant des morceaux
à leur maison dans les arbres creux.

Chaque jour je sortais
pour voir son corps gonflé,
puis dégonflé, et aplati.
Les fourmis se sont surpassées
jusqu'à ce qu'il ne reste que
des os secs et des poils emmêlés
et une tache brune
là où il y avait eu du beurre de cacahuète.

Ce que la nature avait fait
n'était pas une cruauté.
Ce que j'avais fait était :
une ruse, un piège,
qu'il soit collant, ou à ressort, ou à choc.
Je l'ai attiré dans un endroit
où je savais qu'il ne survivrait jamais,
grâce à quelque chose que je savais qu'il aimait.
Ce genre de manipulation
n'est rien de moins qu'un péché.

Moins que le péché

J'ai attrapé un rat sur un piège collant,
caché sous le capot de ma voiture.
Une chose horrible à faire, je sais—
et pourtant, ce n'est pas **le pire** que j'ai fait.

Je blâme le bruit
derrière le tableau de bord :
ses petites griffes sur des bobines,
il grimpe sur le moteur,
traçant de nouveaux chemins,
rongeant les ceintures de sécurité,
nichant dans le creux de la roue de secours.

Je ne voulais pas qu'il meure,
je voulais juste qu'il parte.
Je savais quand je l'ai vu
à quel point c'était mal—
encore en train de convulser, le souffle court,
une pure panique.
Je suis restée avec lui pendant qu'il **mo**ur**ait**,
assise tranquillement à ses côtés,
pour qu'il ne soit pas seul.

Quand il a finalement cessé de se battre,
je ne pouvais pas me rappeler
pourquoi j'avais été si résistante
à son existence.
Je l'ai placé là, sur le gravier,
parce que je ne voulais pas toucher à la mort.
Et parce que j'étais curieuse de voir
ce qui pourrait arriver
une fois **que** la mort **l'**aurait touché.

Les mouches sont venues en premier,
puis les asticots,
pendant que les fourmis s'empressaient
de former une ligne épaisse, tachetée.
Ils l'ont démonté dans un chaos ordonné,
pendant des jours, cela a continué ainsi—
arrachant des cheveux,
creusant les yeux et les oreilles,
le faisant disparaître de l'intérieur.

La colonie s'est nourrie encore et encore,
rapportant des morceaux
à leur maison dans les arbres creux.
Chaque jour je sortais
pour voir son corps gonflé,
puis dégonflé, et aplati. Les fourmis

se sont surpassées
jusqu'à ce qu'il ne reste que
des os secs et des poils emmêlés
et une tache brune
là où il y avait eu du beurre de cacahuète.

Ce que la nature avait fait
n'était pas une **cruauté.**
Ce que j'avais fait était :
une ruse, un piège,
qu'il soit collant, ou à ressort, ou à choc.
Je l'ai attiré dans un endroit
où je savais qu'il ne survivrait jamais,
grâce à quelque chose que je savais qu'il aimait.
Ce genre de manipulation
n'est rien de moins qu'**un péché.**

Trahison Orbitale

Tu as demandé
... combien de fois
dois-je te pardonner
et j'ai dit
... combien de fois
dois-je m'excuser.

Guérison

Ma douleur
ne ressemble pas à de la douleur
entre tes mains,
elle ressemble aux premières
prises de guérison.

Avant

Je sais ce qui est arrivé à mon corps
cette nuit où tu as éteint ma mémoire.

Les os sont marqués
par tout ce que l'esprit peut enterrer.

Je l'ai su quand je me suis réveillée,
joue chaude sur béton froid,
des cendres de cigarette dans l'évier,
des griffonnages sur la porte des toilettes.

Je l'ai su quand j'ai tourné la clé,
mains tremblantes
fenêtres baissées
pleurant à travers les feux rouges
sans ralentir, sans m'arrêter.

Je l'ai su quand j'ai enlevé la robe
que tu disais aimer,
avant que tu m'offres la boisson
que tu disais que j'aimerais.

Je l'ai su quand je me suis glissée
dans la baignoire et j'ai ressenti—
la brûlure de là où tu étais passé,
sans ma permission,
sans que je le sache.

À quoi cela ressemble-t-il
de voler une maison quand personne n'est là ?
À quoi cela ressemble-t-il
de prendre quelque chose qui n'a pas encore été ouvert ?
À quoi cela ressemble-t-il
de laisser des empreintes sans inquiétude ?

Tu savais que tu ne serais jamais pris
car la police ne serait jamais appelée.
Tu t'en irais libre tandis que je refusais de porter
ce qui était arrivé à mon corps
cette nuit où tu as éteint ma mémoire.

Quand j'ai plongé ma tête sous l'eau
et hurlé comme le font ceux qui se noient,
je savais que je créerais
un souvenir contrefait.

Avec l'obscurité comme témoin,
j'ai créé un mensonge pour survivre à la vérité—
j'ai comblé les lacunes, réécrivant
la vie que tu avais prise avec toi.

Cette nuit-là,
je suis allée au bar.
J'ai dansé.
J'ai bu un verre.
Je suis rentrée chez moi.
Les serrures étaient encore là.
Rien n'avait bougé.
Tout était exactement comme je l'avais laissé.

Et pourtant, ton ombre
m'a consumée.
Et quand l'homme qui m'aimait
m'a touchée,
j'ai rappelé encore et encore
à ma peau
que nous n'avons auncun souvenir de toi.

J'ai toujours su
que je t'exhumerais
le moment où je serais prête—
mais pas une seconde avant.

Arrête De Fuir

Ce perce-oreille n'est **pas** un scorpion ;
Ce requin marteau n'est **pas** un grand blanc ;
Cette fougère cuir n'est **pas** une fougère aigle ;
Cet ours noir n'est **pas** un grizzli ;
Ce lynx n'est **pas** un puma.

Ce buisson de mûres n'est **pas** du sumac vénéneux ;
Cette araignée rouge n'est **pas** une veuve noire ;
Cette couleuvre à nez mince n'est **pas** un crotale ;
Ce dollar des sables n'est **pas** un oursin ;
Ce syrphe n'est **pas** une guêpe.

Cette myrtille n'est **pas** une belladone ;
Cette raie n'est **pas** une pastenague ;
Cette hirondelle n'est **pas** une chauve-souris ;
Et le pardon n'est **pas** une faiblesse.

Ce sont des choses
que tu apprendras
quand tu cesseras de fuir.

Si Proche

Nous avons descendu un sentier
jusqu'à un endroit où personne ne pouvait entendre nos cris.
Nous avons laissé nos gorges ouvrir le ciel,
ébranler la terre,
faire bouger les rochers.

Voilà ce que ça donne
de libérer un souffle retenu,
une espérance enfermée, une douleur contenue—
gutturale, grondante, affamée.

Un cri comme celui-là appelle les larmes,
quelque chose s'ouvre,
quelque chose s'éveille,
quelque chose de vivant depuis l'enfance,
un désir de réconfort si lointain
qu'aucune mesure ne peut en évaluer la distance.

Tu t'es donné de moins en moins
à nous ces derniers temps,
et je nous ai menti à tous les deux—
prétendant pouvoir survivre avec si peu.
Tu marches devant moi et je vois
qu'un lien entre nous s'est brisé
et nous n'avons jamais réparé quelque chose d'aussi
fragile auparavant.

Tu t'es arrêté, relevant ton nez
dans l'air imprégné de pourriture,
nous avons tourné en rond jusqu'à la trouver là,
sous l'ombre d'un peuplier,
ventre gonflé, pelage emmêlé,
les mouches colonisant ses orbites vides.

Nous avons couvert nos bouches et l'avons observée,
ce grand animal semblant être
simplement endormi
dans son endroit favori,
son dos tourné négligemment vers le soleil.

Un jour, nous avons vu un troupeau d'entre elles
paître le long des falaises à Big Sur.
Tu as dit : « Regarde-les,
elles ne savent pas à quel point elles ont de la chance,
ces vaches ont la meilleure vue au monde. »
Nous étions si proches à ce moment-là.

Nous avons inventé une histoire
selon laquelle elle était morte de soif,
son corps desséché de l'intérieur,
à seulement un demi-mile d'un ruisseau
qui débordait d'eau vive.
« Elle était si proche, » as-tu dit,
prenant ma main dans la tienne.

Ensemble, nous sommes remontés jusque là
où personne ne pourrait entendre nos cris.
Nous avons regardé le ciel se fermer,
la terre retrouver son équilibre,
et les rochers se remettre en place.

Faucons

Ne prends pas
les écrits des oiseaux
pour de l'ignorance,

comme si je ne savais pas
ce que notre monde est devenu.
C'est à cause
de ce que notre monde est devenu
que je lève les yeux
vers le ciel.

BRAISES

Viens

Toi,
sans amour
pour moi,
tu es comme une maison
éteinte,
vide,
abandonnée,
avec un avis d'expulsion jauni
sur la porte d'entrée,
les fenêtres barricadées
par des planches de bois
noircies,
une maison envahie par l'herbe,
les buissons de baies
autrefois pleins,
s'inclinant maintenant
devant des plaques
de pelouse brûlées.
le sycomore brûlé
s'offrant au soleil.

Moi,
sans amour
pour toi,
je conduis
hors de mon chemin
dans notre passé.
Chaque maison
qui n'était pas la nôtre
se dresse,
rebelle,
rayonnant encore
de vie.
Je ralentis
au stop,
baisse la vitre
et disperse des graines de fleurs sauvages,
incapable d'accepter
ce que nous sommes devenus.

Merci, Cinq Minutes

Parfois,
on dirait que nous jouons tous
la vie,
n'est-ce pas ?
À la fois spectateurs
et acteurs.

Toi, au centre de la scène,
tu joues la victime.
Toi, à la mâchoire forte,
tu joues le méchant.

Tu te déplaces sur le côté,
fais semblant d'être occupé,
terriblement occupé
à t'agiter, t'agiter,
ne réparant rien.
Et toi, tu restes là,
jolie, immobile.

Le reste d'entre vous arpente
les coulisses
en attendant d'être appelé.
Ne sortez pas de votre personnage.
Ne tournez pas le dos au public.
Ne marmonnez pas.
Projetez votre voix
jusqu'au balcon.

Mets-toi en avant—
donne-moi une sensation d'urgence,
d'extase,
de tension.
Maintenant, supplie-le ;
il te quitte,
il ne reviendra jamais.

Pleure, bon sang,
pleure de vraies larmes.
Parfait, maintenant frappe-la,
sois sincère,
mais ne laisse aucune marque.

On a besoin de plus de sang.
On a besoin de plus d'émotion.
On a besoin de plus de temps.

Rends-le brut.
Rends-le universel,

rends-le original.
N'improvise pas,
reste fidèle à ton script.
Là, oui, oui, tu y es.
Ils te croient—
Tu te crois.

Proche

Tu essaieras de me trouver
dans le corps
de chaque autre femme
que tu toucheras.

Tu me chercheras
dans ses mots,
mais tu trouveras tout
écrit à l'envers.

Tu essaieras de la modeler
selon l'ombre que j'ai laissée,
mais tu verras qu'elle n'est pas assez
pour remplir les draps
de mon fantôme.

Ne la punis pas.
Ne refroidis pas l'air
en retirant ta chaleur.
Ne la vide pas de ton désir.

Laisse-la être
le début
d'une autre histoire
avec une fin plus courte.

Notre livre, maintenant en cendres,
repose dans une urne
dans une pièce
dont tu ne lui donneras
jamais la clé.

Essaie de l'aimer,
mais ne la fais pas souffrir
pour son seul et unique péché—

l'attrait qu'elle suscite,
et la répulsion qu'elle provoque,
c'est qu'elle n'est pas moi,

même pas proche.

Ton Propre Souffle

Arrête de chercher
au-delà de ta propre peau
les réponses aux questions
qui persistent en toi.

Il n'y a pas de carte,
pas de mode d'emploi ni d'ordonnance,
qui puisse révéler les vérités
que tu portes à l'abri sous tes côtes.

Ce serait comme demander
à un ours ce qu'est l'hiver.
Il te parlerait uniquement
de chaleur,
de solitude,
et d'un ventre plein
qui s'amenuise lentement.

Que sait un hibernant
du baiser glacé de la neige
depuis sa tanière confortable,
alors qu'il sombre et s'élève
dans le pays de la torpeur ?

Ce serait comme demander
à un manchot ce qu'est l'hiver,
et n'entendre parler que
de la chaleur d'un cercle,
du réconfort de la communauté,
de la sensation d'une coquille fragile
sous ses pieds.

Ce serait comme demander
à un flamant rose ce qu'est l'hiver.
Elle parlerait de cieux teintés de soleil,
survolant des terres où des lacs l'attendent
avec un buffet de crevettes et d'algues,
là où l'eau ne gèle jamais
et où les plumes restent vibrantes
jusqu'au printemps.

Il n'y a personne,
quelle que soit son expérience,
qui puisse mieux te guider
que ton propre souffle—

Fais confiance à la boussole
avec laquelle tu es née,
enfouie au plus profond de toi,
qui attend, encore et toujours
d'être ouverte.

Une Seule Réponse

Mon fils enfile des perles
de questions dévastatrices
à travers moi avant de dormir.

« Si un train arrivait et que tu devais choisir
de me sauver ou de sauver papa,
qui sauverais-tu— »

Toi.

Ses yeux, tout blancs ;
Sa bouche, tout en O ;
Sa mère, soudainement,
une meurtrière.

« Si la maison brûlait et que tu devais choisir
de me sauver ou notre chiot,
qui sauverais-tu— »

Toi.

« Si le bateau coulait et que tu devais choisir
entre moi et le président,
qui sauverais-tu— »

Toi.

« Si l'avion tombait, et que tu devais choisir,
moi ou Aya,
qui sauverais-tu— »

Toi.

« Si une météorite approchait et que tu devais choisir,
moi ou tout le reste du monde,
qui sauverais-tu— »

Toi.

« Si seulement l'un de nous pouvait survivre et que tu devais choisir,
moi ou toi,
qui sauverais-tu— »

Toi.

La réponse ne sera jamais
autre chose que toi.
Le mot ne sortira jamais
de ma bouche avec moins de certitude,
de rapidité, moins impitoyable.

C'est tout ce que la maternité te donne—
une seule réponse
à chaque question impensable.

Abondance

Je prie dans l'église de Flora,
genoux fléchis sur des bancs herbeux
tandis que je prie face aux tournesols.

Je cueille des pétales,
récitant leur sagesse en vers :
demande, reçois, demande, reçois.

Je plante des graines en pratiquant la gratitude,
mon panier se remplit de mercis.
Le frangipanier et le jasmin se rendent,
tombant au sol, encore parfumés.

Et à ma vie, j'apporte ces cadeaux :
leurs parfums, leurs sentiments, leurs vérités.
J'ai vu trop de beauté dans notre monde
pour croire que tout n'est qu'ombre stérile.

J'ai vu la beauté tapisser les trottoirs,
fleurissant dans des champs sans fin,
dépassant les lignes rigides faites pour nous diviser,
jaillissant du roc, étendant des veines de survie.

Un monde sans fleurs n'est pas
un monde dans lequel je veux exister.
Brûle-moi dans un lit d'œillets d'Inde,
portée au ciel avec abondance.

Comment Gaspiller Une Vie

Accroche-toi à ce qui fait mal ;
agrippe-toi aux déceptions comme les bernacles
qui ornent les pierres balayées par les marées.
Ne laisse aucune main, aussi douce soit-elle,
t'arracher de ton roc de colère,
car sans lui, tu pourrais
te noyer dans le contentement.

Suis chaque trahison jusqu'aux profondeurs,
saisis-la par la queue,
et laisse-la te tirer jusqu'au fond de l'océan,
enroulant le souffle de ton être.

Refuse le pardon, conserve-le
comme le fait la pieuvre
avec les trésors insensés qu'elle vole.
Ramasse tes griefs comme des éclats de verre marin,
en croyant que leur poids pourrait t'ancrer.

Rejette tout baume de bonté,
comme si ton salut résidait
non pas dans le lâcher-prise,
mais dans la prise acharnée
de ce que tu ne peux pas,
ne veux pas
relâcher.

Aller De L'avant

Le passé est un voleur,
et tu retournes volontiers tes poches pour lui.
Prends mon rire, prends ma paix, prends mon calme.

Tu supplies, mains levées, devant lui,
débouclant, déchargeant, déversant
tout ce que tu as jamais chéri
dans ses paumes avides.

Tu es restée sans psaumes,
avec seulement des ombres, des rancunes rances,
acharnée en vain—encore une fois.
Rien ne changera ce qui s'est passé ici.

Et pourtant, des années de ta vie
sont perdues
à tenter de la réécrire.

Et si
j'avais ?

Et si
nous avions ?

Ne te convaincs pas
que les choses devaient
être différentes.

La nature ne fait pas cela ;
elle ne s'accroche pas.
La terre consomme
ce qui est tombé.

Même les oiseaux savent
construire des nids pour une saison.
Ils comprennent ce que tu ne comprends toujours pas :
Il y a de la grâce dans le lâcher-prise.

Aucune créature ne s'attarde dans cette rivière d'espoir
à part toi.
Avec défi, tu construis un bateau
et tu flottes aussi loin que le courant
peut emporter une personne, un caillou, un passé.

La nature reste indifférente à la perte,
tandis que ton obsession te coûte tout.
Observe l'eau ; elle t'enseignera
comment aller de l'avant.

Adieu En Orbite

J'ai demandé :
Combien de fois
faudra-t-il
que tu me laisses partir ?
Et il a répondu :
Combien de fois
faudra-t-il
que tu reviennes encore ?

Elle N'efface Rien

On dit que la tristesse est un amour qui n'a nulle part où aller,
mais je suis mieux avisée.

La tristesse est un amour qui a perdu son chemin—
un amour avec une destination, mais sans carte.

La tristesse est un amour assis à tes pieds,
attendant d'être ramassé, ramené à la maison.

La tristesse est un amour qui revient sans frapper,
demandant à entendre une fois de plus
que ce que nous avions était réel.

Il nous appartient, et rien
ne peut nous l'enlever—
pas même le détour ou la distraction de la douleur.

La tristesse n'est pas une porte qui claque,
mais le clic d'un déverrouillage.

La tristesse est un amour qui dessine, un amour qui chante,
un amour qui reprend sa place.

Mais il y a une chose que la tristesse ne fera jamais—
elle n'efface rien.

CENDRES

Ton Héritage

Les mains de ta grand-mère sentaient le Comet,
le chicle, les billets qu'elle étirait
en pain, en toit,
dans le murmure de trois enfants endormis.

Elle a appris tôt : l'amour, c'est le travail.
Et le travail ne s'arrête jamais.

Elle a traversé un océan pour cela,
abandonné son piano,
pliée jusqu'à devenir assez petite
pour franchir des frontières,
pour devenir autre chose,
tout en restant elle-même.

Les femmes dont le sang
coule en nous
ont bâti leurs vies
sur l'absence.

Les hommes se sont dissous en mythes :
trop lointains pour être atteints, trop fragiles pour être retenus.
Alors elles sont devenues leurs propres sauveuses,
brisées, pour faire place à la survie.

Et nous voilà,
leur chant résonne encore
dans nos oreilles,
leurs fardeaux chantent comme un hymne ancien :
le poids du sacrifice,
la peur de trop,
la culpabilité de trop peu,
il n'y a jamais assez.

Comment honorer leurs fardeaux
sans continuer à les porter ?
Nous prenons la douleur dans leurs mains
et la plantons dans la terre.
Nous l'arrosons de pardon,
et nous la regardons croître en une abondance
qu'elles n'auraient jamais osé rêver.

Nous disons : Nous vous voyons.
Nous vous voyons.

Et grâce à vous,
nous choisissons de rester douces,
de porter l'amour comme l'eau,
et de croire qu'il ne se répandra pas.

Nous prenons leurs histoires
et nous réécrivons la fin.

Voici notre héritage :
pas la blessure, mais les mots venus pour guérir.

Si Tu M'Aimais, Tu le Saurais

Je croyais autrefois
que si tu m'aimais
tu connaîtrais
les contours de ma douleur
et qu'en les connaissant
tu éloignerais tes caresses
de ces endroits que j'avais
si soigneusement cartographiés
pour que tu les évites,
ici, là et surtout ici,
pour ne pas réveiller
les petits fantômes qui ont élu domicile
dans les courbes de mes cicatrices.

Mais te voilà,
effleurant de ton pouce
chaque blessur
qui existait avant toi.

Si Tu M'Aimais, Tu le Saurais

Je croyais autrefois
que si tu m'aimais
tu connaîtrais
les contours de ma douleur
et qu'en les connaissant
tu éloignerais tes caresses
de ces endroits que j'avais
si soigneusement cartographiés
pour que tu les évites,
ici, là et surtout ici,
pour ne pas réveiller
les petits fantômes qui ont élu domicile
dans les courbes de mes cicatrices.
Mais te voilà,
effleurant de ton pouce
chaque blessure qui existait
avant toi.

Prier

Avant de t'incliner
devant l'appel de la mort,
je prie pour que tu sois émerveillé
lorsque tes plans prennent vie.

Je prie pour que tu étudies la terre aplatie
et que tu imagines quelle beauté pourrait y fleurir.
Imagine une famille, pas encore formée,
laissant des empreintes dans le temps.

Je prie pour que tu observes les progrès de chaque jour,
que tu contemples la lune engloutissant le soleil
au-dessus de la lente construction d'une maison
et de la construction encore plus lente d'un foyer.

Je prie pour que tu écoutes patiemment
les sons de cette symphonie,
un chœur d'ouvriers qui attendent et de grues qui reculent en bipant,
une basse grondante qui résonne sur des roches en cascade.

Je prie pour que tu plantes seulement ce que tu récolteras,
pour que tu construises une cabane dans les arbres pour les enfants
et les petits-enfants, et que tu te souviennes
que toi aussi tu aspireras à un espace pour partager des secrets.

Je prie pour que tu passes des semaines à choisir
des serrures pour les portes des enfants,
mais des années à apprendre
comment les laisser ouvertes.

Je prie pour que tu acceptes
le temps infini qu'il faut
pour choisir des lumières, des poignées,
et les mêmes nuances de beige, de pierre, et de sable.

Je prie pour que tu saches
que la décision de t'épouser
sous le chêne, au printemps,
n'a pris qu'un instant.

Je prie pour que tu chérisses
ce que tu as créé.
Tant de lumière qui entre,
tant de lumière qui sort.

Je prie pour que tu t'inclines
devant la vie
dont ces murs sont témoins.

Prier

Avant de t'incliner
devant l'appel de la mort,
je prie pour que tu sois émerveillé
lorsque tes plans prennent vie.

Je prie pour que **tu** étudies la terre aplatie
et que tu imagines quelle beauté pourrait y fleurir.
Imagine une famille, pas encore formée,
laissant des empreintes dans le temps.

Je prie pour que tu observes les progrès de chaque jour,
que tu contemples la lune engloutissant le soleil
au dessus de la lente construction d'une maison
et de la construction encore plus lente d'un foyer.

Je prie pour que tu écoutes patiemment
les sons de cette symphonie,
un chœur d'ouvriers qui attendent et de grues qui reculent en bipant,
une basse grondante qui résonne sur des roches en cascade.

Je prie pour que tu plantes seulement ce que tu récolteras,
pour que tu construises une cabane dans les arbres pour les enfants
et les petits-enfants, et que tu te souviennes
que toi aussi tu aspireras à un espace pour partager des secrets.

Je prie pour que tu passes des semaines à choisir
des serrures pour les portes des enfants,
mais des années à apprendre
comment les laisser ouvertes.

Je **prie pour** que tu acceptes
le temps infini qu'il faut
pour choisir des lumières, des poignées,
et les mêmes nuances de beige, de pierre, et de sable.

Je prie pour que tu saches
que la décision de t'épouser
sous le chêne, au printemps,
n'a pris qu'un instant.

Je prie pour que tu chérisses
ce que tu as créé.
Tant de lumière qui entre,
tant de lumière qui sort.

Je prie pour que tu t'inclines
devant la vie
dont ces murs sont témoins.

Tu Passes à Côté

Tu es aussi tourmenté que les kakis,
attendant tout l'automne
pour mûrir, du vert à l'ambre, puis au zeste.

Arraché enfin de ton repos entre les branches,
mais toujours trop amer
pour qu'on puisse te croquer.

Tu deviendras la nourriture des oiseaux,
et l'oiseau celle du renard,
et le renard, la proie des lynx.

Tu attends toujours quelque chose de moins ordinaire,
et à travers la brume de ton impatience,
tu n'as pas encore posé les yeux
sur l'extraordinaire qui s'est déjà manifesté.

Enfant, tu restais enfermé dans ta chambre,
des heures, des jours,
tout au long du goutte-à-goutte interminable de l'enfance.

Tu n'avais pour compagnie que les pensées enfermées
dans ta belle tête,
dont je tracerai les cicatrices avec mes doigts
quand je te raserai jusqu'à la peau un après-midi.

Tu as toujours vécu dans un royaume infini de possibilités,
et parce que tant de choses sont possibles,
tu continues à chercher, refusant d'accepter ce qui est.

Nous nous demandons tous où tu vas
quand tes yeux se ferment et que tu te laisses
flotter toujours plus loin de là où nous sommes.

Et cet endroit lointain est celui où tu es resté,
tout ce temps où je te suivais, criant derrière toi :
Tu passes à côté, tu passes à côté, tu passes à côté.

Tu Passes à Côté

Tu es aussi tourmenté que les kakis,
attendant tout l'automne
pour mûrir, du vert à l'ambre, puis au zeste.

Arraché enfin de ton repos entre les branches,
mais toujours trop amer
pour qu'on puisse te croquer.

Tu deviendras la nourriture des oiseaux,
et l'oiseau celle du renard,
et le renard, **la proie de** lynx.

Tu attends toujours quelque chose de moins ordinaire,
et à travers la brume de ton impatien**ce**,
tu n'as pas encore posé les yeux
sur l'extraordinaire qui s'est déjà manifesté.

Enfant, tu restais enfermé dans ta chambre,
des heures, des jours,
tout au long du goutte à goutte interminable de l'enfance.

Tu n'avais pour compagnie **que** les pensées enfermées
dans ta belle tête,
dont je tracerai les cicatrices avec mes doigts
quand je te raserai jusqu'à la peau un après-midi.

Tu as toujours vécu dans un royaume infini de possibilités,
et parce que tant de choses sont possibles,
tu continues à chercher, **refus**ant d'accepter ce qui est.

Nous nous **de**mandons tous où tu **v**as
quand tes yeux se ferment et que tu te laisses
flotter toujours plus loin de là **o**ù nous sommes.

Et cet endroit lointain est celu**i** où tu es resté,
tout ce temps où je te suivais, c**r**iant derrière toi :
Tu passes à côté, tu passes à côté, tu passes à côté.

Mon Amour

Je t'en supplie—
s'il te plaît,
ne te perds pas
dans l'histoire
que tu écris
sur ta vie.

Ton passé est un livre
qui peut se fermer,
être remis sur une étagère.
Laisse les horreurs,
les suspenses,
et le chaos
là où ils sont.

Reviens au lit
près de moi—
ta jambe posée sur lâ mienne,
sous des couvertures où tout
n'est encore vivant,
et pas encore
écrit sur la page.

Mon Amour

Je t'en supplie—
s'il te plaît,
ne te perds pas
dans **l'histoire**
que tu écris
sur ta vie.

Ton passé est un livre
qui peut se fermer,
être remis sur une étagère.
Laisse les horreurs,
les suspenses,
et le chaos
là où ils sont.

Reviens au lit
près **de** moi—
ta jambe posée sur l**â mi**enne,
sous des couvertures où tout
n'est encore vivant,
et **pas encore**
écrit sur la page.

Le Nôtre

Tu m'as demandé d'écrire ton oraison funèbre
alors que nous étions encore vivants.
J'ai trouvé cela étrange de ne pas demander
à une amie, une maîtresse, ou une épouse
un hommage posthume.

Qu'étais-je pour toi à cette époque où
nous avons vu le lever et le coucher du soleil depuis le lit,
nous adorant l'un l'autre,
traçant des cartes aux trésors
avec nos doigts et nos lèvres,
Nos langues goûtant la sueur, mouillant les côtes,
guidant le rythme avec des hanches agrippées—
Que suis-je pour toi maintenant, mon amour ?

Peut-être était-ce encore un de tes tests,
pour voir si je te voyais comme tu te voyais.
Peut-être était-ce un test pour voir si je te voyais tout court.
Un jour, j'ai demandé,
Qui te connaît vraiment dans ce monde ?
Tu m'as nommée juste après ta mère.
Quelle terreur d'être connu
seulement par les femmes que tu crains désespérément
de perdre.
Qui te connaîtra une fois que nous serons partis ?

Lors de tes funérailles, ils diront,
Le connaître, c'était l'aimer.
Mais cela brûle la vérité—
ce n'est qu'après ton départ
que j'ai clairement vu
la mosaïque de contradictions
dont tu étais fait.

Tu seras commémoré avec éloges.
Dans les larmes, ils diront
quel beau père tu étais,
quel homme généreux tu étais,
quelle brillance, quel génie,
quel courage et quelle conviction—
et ils n'auront pas tort.

Si tu étais un tableau, et tu l'étais—
En t'aimant, j'ai vu le Recto,
en te perdant, j'ai vu le Verso.
et donc, j'écrirai l'impasto bien caché de toi,
les couches en-dessous.

Tu étais à la fois le feu et la brûlure,
ton amour pouvait réchauffer ou écorcher.
Je dirai comment tu as aimé, telle une falaise usée par la tempête—
la vue inimaginable, la chute inévitable.

J'ai observé ta magie assez longtemps
pour échapper à son sort.
D'une seule phrase, tu pouvais me convaincre
que j'étais capable de survoler l'impossible,
et d'un souffle supplémentaire,
tu pouvais me rendre complètement inutile,
une personne devenue page blanche, indigne
de foi, de fidélité, de pardon.

Je t'aimais, même si
tu élevais les normes
si haut pour toi et pour moi,
nous laissant sans autre choix
que de nous sentir comme si toujours
nous échouions, nous tombions, nous nous brisions.

Je t'aimais, même si
tu étais un professeur impitoyable,
toute ta tendresse posée comme des briques,
au départ solides, mais qui pouvaient
vite s'effondrer sous un regard déçu—
un regard que j'ai appris à trop bien connaître.

Je t'aimais, même si
tu avais acquis ma loyauté
de manière si douce, sans faille,
avant de me réprimander de ton ton inimitable :
La vie n'a jamais été censée être un berceau.
La vulnérabilité était le luxe ultime,
une des rares choses que tu ne pouvais pas te permettre.

Te perdre, c'était ressentir l'absence d'un toit
dans une pièce balayée par un vent impitoyable.
Le premier jour sans toi, j'ai traversé la ville,
les épaules rentrées, me faisant disparaître,
frissonnant à l'idée
que je n'étais plus sous ta protection.

Tu es parti et le monde,
qui s'étend devant moi,
me questionne : Que ferons-nous
de tout cet amour interrompu ?

Nos souvenirs sont un baume
et un fardeau et je
n'ose leur refuser l'espace et la grâce
de vivre à mes côtés,
réchauffant ta moitié du lit,
me rappelant ce que nous étions,
ce que nous sommes l'un pour l'autre.

Tu m'as demandé d'écrire ton éloge,
alors le voilà, mon amour :
Tu étais la tempête et le calme,
la leçon et la récompense.
Le cercueil ne sait pas
combien de corps s'y déposent avec lui,
alors mes os reposeront là,
éternellement pleins d'espoir,
juste à côté des tiens.

Nos Offres À Cette Histoire

Tu es là,
au plus profond de moi,
inoubliable.
Un chant en boucle, son refrain
me serre la gorge.
Un poème gravé
dans la paume de ma main,
pour qu'il ne puisse jamais me quitter.

Mais toi, tu partiras.
Et quand ce jour viendra,
je te regarderai
te retrouver,
encore et encore,
à travers toutes les voies que la vie t'offrira
pour déterrer les trésors
et les os que nous avons enfouis.

Ne me pleure pas,
et je ne te pleurerai pas non plus.
Que la vie fasse écho
aux souvenirs du dessin que tu avais fait,
accroché au mur de notre maison,
la légende illuminée par le kaléidoscope de la fenêtre :
Le bonheur surgit
quand la lumière te caresse.

Nos Offres À Cette Histoire

Tu es là
au plus profond de moi,
inoublié.
Un **chant** en boucle, son refrain
serrant ma gorge.
Un poème **que j'ai écrit**
sur la paume de ma main
pour qu'il ne puisse jamais me quitter.

Mais toi, tu partiras.
Et quand ce jour viendra,
je te regarderai
te **retrouver**,
encore et encore,
à travers toutes les voies que la vie t'offrira
pour déterrer les trésors
et les os que nous avons enfouis.

Ne me pleure pas,
et je ne te pleurerai pas non plus.
Que la vie fasse écho
aux souvenirs du dessin que tu avais fait,
accroché au mur de notre **ma**ison,
la légende illuminée par le kaléidoscope de la fenêtre :
Le bonheur surgit
*quand la **lumière** te caresse.*

Pressé Entre Les Pages

Mon grand-père est mourant
et, devant l'hôpital, un homme vend des mangues
au sel et citron vert. Ma tante et moi en partageons une ;
nous aimons toutes les deux ce qui est amer.
Elle marche à l'ombre d'un guayacán,
et des fleurons blancs tombent dans ses cheveux.
Je lui dis, attends, ne bouge pas,
nous voulons qu'ils restent.

Mon grand-père est mourant
et chaque jour nous venons dire au revoir,
nous ne pouvons entrer que deux à la fois –
ce sont les règles des dernières heures.
Alors nous léchons le sel de nos doigts,
nous signons, et attendons
sur les bancs de la chapelle à l'extérieur de sa chambre.
Des chapelets sont suspendus à côté des bougies
qu'on nous interdit d'allumer.

Mon grand-père est mourant
et sa poitrine se soulève
tandis que la machine à ses côtés chante
un refrain constant :
Encore en vie, encore en vie, encore en vie.
Ma tante lui prend la main et la porte à son visage
et pleure dans sa paume, demandant pardon, offrant son
pardon, tandis que
les fleurons blancs tombent sur ses draps.

Mon grand-père est mourant
et je tiens sa main dans les miennes.
Je ne pense pas qu'il ait jamais senti mes doigts
effleurer les siens, pas depuis
que j'étais petite et qu'il me guidait
à travers l'église, me plaçant au premier rang
réservé aux enfants du pasteur.
Pourquoi, face à la mort,
faisons-nous les choses
que nous refusons de faire durant la vie ?
Adoucir, chuchoter, s'excuser.

Mon grand-père est mourant
et ma mère fait les cent pas dans
le couloir, priant pour un miracle
mais il n'y a pas de supplication pour retarder la mort,
aucun moyen de la convaincre d'épargner cette âme,
de passer à la maison suivante.
Mais s'il y en avait –
cela ressemblerait à,
s'il te plaît, s'il te plaît, s'il te plaît.

Mon grand-père est mourant et mourant et mourant,
et nous prenons lentement conscience
que le miracle, c'est qu'il ait vécu,
que l'un d'entre nous ait la chance de vivre tout court.

Mon grand-père est parti
et lorsque nous apprenons qu'il est mort,
nous nous étreignons et pleurons,
de chagrin et de soulagement.
Personne ne connaît le poids de l'espoir
avant qu'il ne s'enfonce dans vos os—
implacable, vorace, insitant.

Mon grand-père est parti
et personne ne m'a demandé d'entrer,
mais ma mère est entrée
et ma tante est entrée
et elles m'apprennent
à perdre un père,
une leçon que je ne veux pas apprendre.

Mon grand-père est parti,
et le médecin nous guide à travers un labyrinthe
jusqu'au sous-sol caché de l'hôpital,
là où vont les corps.
Je me tiens à ses pieds, son ventre est gonflé,
m'empêchant de voir son visage, mais j'imagine
le regard de quelqu'un face à la verité,
encore gravée sur ses joues.

Mon grand-père est parti,
et tandis qu'ils glissent doucement une étiquette
autour de sa cheville,
Je pense à la naissance de mon fils,
à la façon dont j'ai gardé cette étiquette
quand nous avons quitté l'hôpital
et l'ai pressée dans un livre de naissance
entre des mèches de cheveux et l'empreinte de son pied—
comme tout cela passe vite.
Je regarde alors qu'ils referment la toile noire
et le soulèvent d'un lit à l'autre.

Mon grand-père est parti,
et je n'ai jamais été aussi proche de la fin,
touchant la mort avant qu'elle ne soit aseptisée.
Ma mère, mes tantes, ma grand-mère
et moi marchons à côté du brancard,
sortant par l'arrière de l'hôpital où une camionnette blanche attend,
ses portes déjà ouvertes, comme pour l'accueillir
à travers les portes du paradis.

Mon grand-père est parti,
et nous regardons deux hommes charger son corps,
fermer les portes, et taper deux fois sur la fenêtre.
La camionnette disparaît dans la circulation, derrière
les taxis, les motos et les bus chivas.

Nous le laissons partir de la même manière
que tous les autres grands-pères,
les pères absents, ceux qui n'ont jamais été pères,
les hommes sans-abri, et les hommes saints.
Je veux emporter une partie de lui
mais il ne reste plus rien.

Alors je tends la main vers une branche basse et mets dans ma poche
une poignée de florecillas à presser entre les pages.

Mon grand-père est parti,
et les bus se remplissent de gens
venus l'honorer, l'enterrer,
le remercier en guise d'adieu.

Nous pleurons et rions, nous chantons, nous nous embrassons,
nous lâchons des ballons blancs dans le ciel
et jetons des roses rouges dans la même terre
qui un jour élargira ses planches
et nous invitera tous à le rejoindre.

Cette pensée se perche sur mon épaule,
gazouillant, à la fois un rappel et un soulagement.

Te Ramener Chez Toi

Tu as sept ans, les yeux grands ouverts,
un souffle de menthe fraise,
en pyjama en flanelle avec pieds.
Et tu demandes,
Est-ce que ça fera mal, Maman ?

Est-ce que ça fera mal
quand la mort viendra
me chercher ?
Je ne t'ai jamais menti,
et je refuse de commencer maintenant
à cet instant précis,
sur ce lit,
avec ta tête confiante contre
mon cœur–

Oui, je te dis doucement.
Oui, ça fera mal.
Ce sera une douleur insupportable,
une coupure qui ne cicatrisera jamais,
une blessure qui palpitera à jamais,

Oui, mon amour, ça fera mal...
pour chaque personne
qui restera ici pour te pleurer.

Mais toi,
mon petit roi,
tu n'auras pas mal—
tu seras en train de voler.

Le ciel s'ouvrira
et se transformera, de minuit
à la lumière infinie du matin,
prêt à t'accueillir
avec les moineaux
et les étourneaux,
te ramenant chez toi.

Abandonner

Nous avons vu un colibri mort le jour de mon anniversaire.
Elle gisait au sol, immobile et sereine,
entourée de chatons.
C'était comme si le saule avait été témoin de cette perte
et faisait ce qu'il pouvait, à sa manière,
pour l'enterrer avec honneur.
Cette nuit-là, tandis que je m'endormais
avec ton souffle doux sur ma nuque,
j'ai demandé à la vie, *De quoi*
nous pouvons lâcher prise ?
J'ai alors vu mon en prise se relâcher
sur chaque chose
que je croyais ne jamais pouvoir abandonner.

Abandonner

Nous avons vu un colibri mort le jour de mon anniversaire.
Elle gisait au sol, immobile et sereine,
entourée de chatons.
C'était comme si le saule avait été témoin de cette perte
et faisait ce qu'il pouvait, à sa manière,
pour l'enterrer avec honneur.
Cette nuit-là, tandis que je m'endormais
avec ton souffle doux sur ma nuque,
j'ai deman**d**é à la v**ie**, *De q**u**oi
nous pouvons lâcher prise ?*
J'ai alors vu mon **en** prise se relâcher
sur **chaque chose**
que je croyais ne jamais pouvoir abandonner.

Brûler Après Lecture

La nature, après le feu, est rebelle :
peu importe le désastre qui s'est produit,
elle refuse d'être définie par lui.
Elle est ton rappel :
après que les fleurs seront avalées
par des flammes couleur néon,
après que la fumée sera dissipée,
sous les restes calcinés,
parmi les braises, elle respire encore.

Sa terre, devenue cendre,
se disperse dans le vent,
son histoire de destruction atteignant,
enseignant, et bouleversant
ceux qu'elle ne connaîtra jamais.
Le matin, elle recommence.

Elle défie quiconque passe,
ni impitoyable, ni froide, ni dans le déni :
Regarde-moi grandir.
Regarde-moi fleurir.
Regarde-moi brûler
encore plus intensément qu'avant.

Brûler Après Lecture

La nature, après **le feu**, est rebelle :
peu importe le désastre qui s'est produit,
elle refuse d'être définie par lui.
Elle est ton rappel :
après que les fleurs seront avalées
par des flammes **c**ou**l**e**u**r néon,
après **qui** la fumée sera dissipée,
sous les **reste**s calcinés,
parmi les braises, elle respire encore.

Sa terre, devenue cendre,
se disperse dans le vent,
son histoire de d**est**ruction atteignant,
enseignant, et boule**v**ersant
ceux qu'elle n**é** connaîtra jamais.
Le matin, elle **r**ecommence.

Elle défie qu**i**conque passe,
ni impi**t**oyable, ni froide, ni dans le déni :
*Regard**é**-moi grandir.*
Regarde-moi fleurir.
Regarde-moi brûler
encore plus intensément qu'avant.

REMERCIEMENTS

À vous, lecteur, lectrice, merci d'avoir offert votre énergie, votre temps et votre attention à mes mots. Ce sont les choses les plus précieuses que nous puissions nous donner les uns aux autres, et je suis honorée que vous ayez choisi de les partager avec moi.

Ce livre est une lettre d'amour à la vie. Chacun de ces poèmes a été tissé à partir des fils des histoires que j'ai vécues, des voix de ceux que j'ai aimés, et de chaque personne qui m'a donné de la force lorsque je ne trouvais pas la mienne.

À mes professeurs, éditeurs et confrères écrivains, dont beaucoup ont commencé comme mentors, mais sont devenus bien plus : merci de m'avoir laissé des repères sur ce chemin –

Hilton Als, Margot Jefferson, Ben Taylor, Leslie Jamison, Alice Quinn, Rob Spillman, Dan Jones, Reema Zaman, Rivka Galchen, Kate Medina, Mary Bergstrom, Tim Kreider, Elaine Welteroth, Lis Harris, Patricia O'Toole, Arianna Huffington, Margaret Riley King, Elizabeth Gilbert, Adrien LeBlanc, Kate Coyne, Cheryl Strayed, Darin Strauss, Joël Leon, Dani Shapiro, Jess Walter, Ann Patchett, Anne Lamott et Mary Karr – un million de mercis.

À Hélène Cardona, je suis tellement reconnaissante envers toi, qui as surgi dans ma vie à la dernière heure pour ajouter ta sagesse et tes mots à cette traduction – merci pour le soin que tu as apporté à chaque page.

Et à la regrettée Mary Oliver, dont l'encouragement discret parlait plus fort que n'importe quel bruit – je ne connaîtrais pas la poésie comme je la connais aujourd'hui sans toi.

Aux femmes avec lesquelles j'ai travaillé au fil des ans, merci de me faire confiance avec vos histoires, et de m'avoir invitée à éditer vos mots, en sachant que je ne laisserais aucune empreinte. Rien ne se compare à la joie de vous voir chacune vous élever. Continuez à créer.

À Mary Jonitis, qui a dit lors de notre première conversation : « Tu dois écrire de la poésie. Donne une voix à ceux qui n'en ont pas, et je ne parle pas des gens... » Cet appel a tout changé.

À Zulma, Naomi, Ali et Adela – lorsque j'étais prête à guérir, vous m'avez tenu la main et m'avez guidée jusqu'à la porte. Je vous en serai éternellement reconnaissante.

À Fabrice Penot, mon amour, sans toi, ce livre n'existerait pas. Beaucoup de ces poèmes sont nés de notre histoire, une histoire qui n'aurait pu être écrite autrement. J'aurai toujours « une chose de plus » à te dire.

À mes âmes sœurs : Logan Ford, Nate Timmerman, Clark Henriquez – nous avons été des constantes dans nos vies respectives, nous aimant à travers chaque version de nous-mêmes et nous permettant mutuellement de laisser tomber chaque voile. Votre amitié est l'un des plus grands cadeaux de la vie, et je suis incroyablement chanceuse de parcourir ce chemin avec vous trois. Merci de toujours me garder mes pieds sur terre, une tâche loin d'être facile.

Et maintenant, direction l'hélicoptère doré.

À ma famille Henriquez, Perea, Ordóñez – vous êtes une partie très importante de qui je suis. Merci de m'avoir ouvert vos cœurs et vos maisons, et de m'avoir accueillie avec amour chaque fois que je revenais pour guérir. À mon abuelito Carlos, merci de m'avoir offert tes yeux et ton amour pour l'art. À ma abuelita Beatriz, Mama Lita, tu es la femme la plus forte que je connaisse. Merci de m'aimer chaque jour de cette vie et de toutes celles qui ont précédé. Je t'adore.

À mon père et à mes frères—merci de m'avoir appris l'amour discret—celui qui réchauffe la voiture avant l'école, et qui dit : « Tu es magnifique », quand je ne me sens pas belle, et qui conduit 3 000 miles avec moi pour que je n'aie pas à le faire seule. Je vous aime.

À ma mère, Elizabeth. Ma première classe était notre table de cuisine. Merci de m'avoir appris à lire et à écrire, même lorsque ton cœur se brisait. Tu es la joie incarnée et un témoignage du pouvoir de l'amour inconditionnel. Merci pour ton amitié, tes encouragements, et pour avoir lu chacun de ces poèmes pendant leur création, en chantant leurs louanges même s'ils ne rimaient pas. Je suis qui je suis grâce à toi.

Et à Noah Rev—mon petit roi. Merci de m'avoir choisie pour être ta maman dans cette vie. Tu es la créature la plus incroyable que j'aie jamais connue—avec ta gentillesse, ton humour, ta patience, et ta profondeur. Je suis tellement honorée de te voir grandir en l'homme que tu es en train de devenir. Je sais que je ne devrais pas dire cela là où d'autres personnes peuvent l'entendre, mais bébé, tu es mon meilleur ami. Merci de me laisser partager ces extraits de notre vie avec le monde. Le reste restera non écrit, sacré, enfermé dans notre petit coffre. Et maintenant, de quoi allons-nous rêver ce soir ?

À chaque personne qui trouve ce livre, je veux que tu saches que créer cette collection a été une joie absolue. Je me suis réveillée chaque matin, m'élançant vers la page, impatiente de capturer ces magnifiques instants que la nature m'a offerts, prête à partager les mots que l'esprit m'a soufflés—sans peur, sans hésitation, sans me demander ou m'inquiéter de ce qui vient après.

À PROPOS DE L'AUTRICE

Jessica Ciencin Henriquez est une autrice, éditrice et enseignante colombienne-américaine. Ses essais ont été publiés dans *The New York Times, Teen Vogue, Self, Time, Marie Claire,* et *Oprah*, entre autres. Elle est titulaire d'un MFA en en écriture créative avec une spécialisation en traduction littéraire de l'université de Columbia. Elle vit en Californie avec son fils.

@thewriterjess

REV PUBLISHING

Fondée en 2024, Rev Publishing est une maison d'édition littéraire indépendante spécialisée dans la diffusion de voix originales et d'histoires transformatrices. Notre sélection soigneusement élaborée comprend de la poésie, des mémoires et des romans qui repoussent les limites et défient la tradition.

www.ingramcontent.com/pod-product-compliance
Lightning Source LLC
Chambersburg PA
CBHW061943130526
44582CB00051B/206/J